Nome

N°

Ano

Período

Data

Para a eventual escrita ou reescrita do texto, devem ser observados os seguintes aspectos:

Elementos linguísticos	Textualidade	Elementos enunciativos
○ escolha lexical ○ concordância verbal e concordância nominal ○ regência verbal e regência nominal ○ colocação pronominal ○ pontuação ○ ortografia, acentuação ○ crase ○ pessoas do discurso ○ clareza	○ paragrafação ○ coerência textual ○ coesão textual ○ informatividade ○ conectividade ○ continuidade e progressão textual	○ abordagem do tema ○ adequação ao gênero ○ intencionalidade do texto ○ adequação ao perfil do interlocutor e ao contexto ○ estrutura padrão do gênero ○ variedade linguística/norma-padrão ○ formalidade/informalidade ○ adequação ao suporte ○ desenvolvimento de ideias

Nome

Nº

Ano

Período

Data

Para a eventual escrita ou reescrita do texto, devem ser observados os seguintes aspectos:

Elementos linguísticos	Textualidade	Elementos enunciativos
○ escolha lexical ○ concordância verbal e concordância nominal ○ regência verbal e regência nominal ○ colocação pronominal ○ pontuação ○ ortografia, acentuação ○ crase ○ pessoas do discurso ○ clareza	○ paragrafação ○ coerência textual ○ coesão textual ○ informatividade ○ conectividade ○ continuidade e progressão textual	○ abordagem do tema ○ adequação ao gênero ○ intencionalidade do texto ○ adequação ao perfil do interlocutor e ao contexto ○ estrutura padrão do gênero ○ variedade linguística/norma-padrão ○ formalidade/informalidade ○ adequação ao suporte ○ desenvolvimento de ideias

Nome

Nº

Ano

Período

Data

Para a eventual escrita ou reescrita do texto, devem ser observados os seguintes aspectos:

Elementos linguísticos	Textualidade	Elementos enunciativos
○ escolha lexical ○ concordância verbal e concordância nominal ○ regência verbal e regência nominal ○ colocação pronominal ○ pontuação ○ ortografia, acentuação ○ crase ○ pessoas do discurso ○ clareza	○ paragrafação ○ coerência textual ○ coesão textual ○ informatividade ○ conectividade ○ continuidade e progressão textual	○ abordagem do tema ○ adequação ao gênero ○ intencionalidade do texto ○ adequação ao perfil do interlocutor e ao contexto ○ estrutura padrão do gênero ○ variedade linguística/norma-padrão ○ formalidade/informalidade ○ adequação ao suporte ○ desenvolvimento de ideias

Nome

Nº

Ano

Período

Data

Para a eventual escrita ou reescrita do texto, devem ser observados os seguintes aspectos:

Elementos linguísticos	Textualidade	Elementos enunciativos
○ escolha lexical ○ concordância verbal e concordância nominal ○ regência verbal e regência nominal ○ colocação pronominal ○ pontuação ○ ortografia, acentuação ○ crase ○ pessoas do discurso ○ clareza	○ paragrafação ○ coerência textual ○ coesão textual ○ informatividade ○ conectividade ○ continuidade e progressão textual	○ abordagem do tema ○ adequação ao gênero ○ intencionalidade do texto ○ adequação ao perfil do interlocutor e ao contexto ○ estrutura padrão do gênero ○ variedade linguística/norma-padrão ○ formalidade/informalidade ○ adequação ao suporte ○ desenvolvimento de ideias

Nome

Nº

Ano

Período

Data

Para a eventual escrita ou reescrita do texto, devem ser observados os seguintes aspectos:

Elementos linguísticos	Textualidade	Elementos enunciativos
○ escolha lexical ○ concordância verbal e concordância nominal ○ regência verbal e regência nominal ○ colocação pronominal ○ pontuação ○ ortografia, acentuação ○ crase ○ pessoas do discurso ○ clareza	○ paragrafação ○ coerência textual ○ coesão textual ○ informatividade ○ conectividade ○ continuidade e progressão textual	○ abordagem do tema ○ adequação ao gênero ○ intencionalidade do texto ○ adequação ao perfil do interlocutor e ao contexto ○ estrutura padrão do gênero ○ variedade linguística/norma-padrão ○ formalidade/informalidade ○ adequação ao suporte ○ desenvolvimento de ideias

Nome

Nº

Ano **Período** **Data**

Para a eventual escrita ou reescrita do texto, devem ser observados os seguintes aspectos:

Elementos linguísticos	Textualidade	Elementos enunciativos
○ escolha lexical ○ concordância verbal e concordância nominal ○ regência verbal e regência nominal ○ colocação pronominal ○ pontuação ○ ortografia, acentuação ○ crase ○ pessoas do discurso ○ clareza	○ paragrafação ○ coerência textual ○ coesão textual ○ informatividade ○ conectividade ○ continuidade e progressão textual	○ abordagem do tema ○ adequação ao gênero ○ intencionalidade do texto ○ adequação ao perfil do interlocutor e ao contexto ○ estrutura padrão do gênero ○ variedade linguística/norma-padrão ○ formalidade/informalidade ○ adequação ao suporte ○ desenvolvimento de ideias

Nome

Nº

Ano

Período

Data

Para a eventual escrita ou reescrita do texto, devem ser observados os seguintes aspectos:

Elementos linguísticos	Textualidade	Elementos enunciativos
○ escolha lexical ○ concordância verbal e concordância nominal ○ regência verbal e regência nominal ○ colocação pronominal ○ pontuação ○ ortografia, acentuação ○ crase ○ pessoas do discurso ○ clareza	○ paragrafação ○ coerência textual ○ coesão textual ○ informatividade ○ conectividade ○ continuidade e progressão textual	○ abordagem do tema ○ adequação ao gênero ○ intencionalidade do texto ○ adequação ao perfil do interlocutor e ao contexto ○ estrutura padrão do gênero ○ variedade linguística/norma-padrão ○ formalidade/informalidade ○ adequação ao suporte ○ desenvolvimento de ideias

Nome

Nº

Ano

Período

Data

Para a eventual escrita ou reescrita do texto, devem ser observados os seguintes aspectos:

Elementos linguísticos	Textualidade	Elementos enunciativos
○ escolha lexical ○ concordância verbal e concordância nominal ○ regência verbal e regência nominal ○ colocação pronominal ○ pontuação ○ ortografia, acentuação ○ crase ○ pessoas do discurso ○ clareza	○ paragrafação ○ coerência textual ○ coesão textual ○ informatividade ○ conectividade ○ continuidade e progressão textual	○ abordagem do tema ○ adequação ao gênero ○ intencionalidade do texto ○ adequação ao perfil do interlocutor e ao contexto ○ estrutura padrão do gênero ○ variedade linguística/norma-padrão ○ formalidade/informalidade ○ adequação ao suporte ○ desenvolvimento de ideias

Nome _____ **Nº** _____

Ano _____ **Período** _____ **Data** _____

Para a eventual escrita ou reescrita do texto, devem ser observados os seguintes aspectos:

Elementos linguísticos	Textualidade	Elementos enunciativos
○ escolha lexical ○ concordância verbal e concordância nominal ○ regência verbal e regência nominal ○ colocação pronominal ○ pontuação ○ ortografia, acentuação ○ crase ○ pessoas do discurso ○ clareza	○ paragrafação ○ coerência textual ○ coesão textual ○ informatividade ○ conectividade ○ continuidade e progressão textual	○ abordagem do tema ○ adequação ao gênero ○ intencionalidade do texto ○ adequação ao perfil do interlocutor e ao contexto ○ estrutura padrão do gênero ○ variedade linguística/norma-padrão ○ formalidade/informalidade ○ adequação ao suporte ○ desenvolvimento de ideias

Nome

N°

Ano

Período

Data

Para a eventual escrita ou reescrita do texto, devem ser observados os seguintes aspectos:

Elementos linguísticos	Textualidade	Elementos enunciativos
○ escolha lexical ○ concordância verbal e concordância nominal ○ regência verbal e regência nominal ○ colocação pronominal ○ pontuação ○ ortografia, acentuação ○ crase ○ pessoas do discurso ○ clareza	○ paragrafação ○ coerência textual ○ coesão textual ○ informatividade ○ conectividade ○ continuidade e progressão textual	○ abordagem do tema ○ adequação ao gênero ○ intencionalidade do texto ○ adequação ao perfil do interlocutor e ao contexto ○ estrutura padrão do gênero ○ variedade linguística/norma-padrão ○ formalidade/informalidade ○ adequação ao suporte ○ desenvolvimento de ideias

Nome

Nº

Ano

Período

Data

Para a eventual escrita ou reescrita do texto, devem ser observados os seguintes aspectos:

Elementos linguísticos	Textualidade	Elementos enunciativos
○ escolha lexical ○ concordância verbal e concordância nominal ○ regência verbal e regência nominal ○ colocação pronominal ○ pontuação ○ ortografia, acentuação ○ crase ○ pessoas do discurso ○ clareza	○ paragrafação ○ coerência textual ○ coesão textual ○ informatividade ○ conectividade ○ continuidade e progressão textual	○ abordagem do tema ○ adequação ao gênero ○ intencionalidade do texto ○ adequação ao perfil do interlocutor e ao contexto ○ estrutura padrão do gênero ○ variedade linguística/norma-padrão ○ formalidade/informalidade ○ adequação ao suporte ○ desenvolvimento de ideias

Nome

Nº

Ano

Período

Data

Para a eventual escrita ou reescrita do texto, devem ser observados os seguintes aspectos:

Elementos linguísticos	Textualidade	Elementos enunciativos
○ escolha lexical ○ concordância verbal e concordância nominal ○ regência verbal e regência nominal ○ colocação pronominal ○ pontuação ○ ortografia, acentuação ○ crase ○ pessoas do discurso ○ clareza	○ paragrafação ○ coerência textual ○ coesão textual ○ informatividade ○ conectividade ○ continuidade e progressão textual	○ abordagem do tema ○ adequação ao gênero ○ intencionalidade do texto ○ adequação ao perfil do interlocutor e ao contexto ○ estrutura padrão do gênero ○ variedade linguística/norma-padrão ○ formalidade/informalidade ○ adequação ao suporte ○ desenvolvimento de ideias

Nome

N°

Ano

Período

Data

Para a eventual escrita ou reescrita do texto, devem ser observados os seguintes aspectos:

Elementos linguísticos	Textualidade	Elementos enunciativos
○ escolha lexical ○ concordância verbal e concordância nominal ○ regência verbal e regência nominal ○ colocação pronominal ○ pontuação ○ ortografia, acentuação ○ crase ○ pessoas do discurso ○ clareza	○ paragrafação ○ coerência textual ○ coesão textual ○ informatividade ○ conectividade ○ continuidade e progressão textual	○ abordagem do tema ○ adequação ao gênero ○ intencionalidade do texto ○ adequação ao perfil do interlocutor e ao contexto ○ estrutura padrão do gênero ○ variedade linguística/norma-padrão ○ formalidade/informalidade ○ adequação ao suporte ○ desenvolvimento de ideias

Nome

N°

Ano

Período

Data

Para a eventual escrita ou reescrita do texto, devem ser observados os seguintes aspectos:

Elementos linguísticos	Textualidade	Elementos enunciativos
○ escolha lexical ○ concordância verbal e concordância nominal ○ regência verbal e regência nominal ○ colocação pronominal ○ pontuação ○ ortografia, acentuação ○ crase ○ pessoas do discurso ○ clareza	○ paragrafação ○ coerência textual ○ coesão textual ○ informatividade ○ conectividade ○ continuidade e progressão textual	○ abordagem do tema ○ adequação ao gênero ○ intencionalidade do texto ○ adequação ao perfil do interlocutor e ao contexto ○ estrutura padrão do gênero ○ variedade linguística/norma-padrão ○ formalidade/informalidade ○ adequação ao suporte ○ desenvolvimento de ideias

Nome

Nº

Ano

Período

Data

Para a eventual escrita ou reescrita do texto, devem ser observados os seguintes aspectos:

Elementos linguísticos	Textualidade	Elementos enunciativos
○ escolha lexical ○ concordância verbal e concordância nominal ○ regência verbal e regência nominal ○ colocação pronominal ○ pontuação ○ ortografia, acentuação ○ crase ○ pessoas do discurso ○ clareza	○ paragrafação ○ coerência textual ○ coesão textual ○ informatividade ○ conectividade ○ continuidade e progressão textual	○ abordagem do tema ○ adequação ao gênero ○ intencionalidade do texto ○ adequação ao perfil do interlocutor e ao contexto ○ estrutura padrão do gênero ○ variedade linguística/norma-padrão ○ formalidade/informalidade ○ adequação ao suporte ○ desenvolvimento de ideias

Nome

N.º

Ano

Período

Data

Para a eventual escrita ou reescrita do texto, devem ser observados os seguintes aspectos:

Elementos linguísticos	Textualidade	Elementos enunciativos
○ escolha lexical ○ concordância verbal e concordância nominal ○ regência verbal e regência nominal ○ colocação pronominal ○ pontuação ○ ortografia, acentuação ○ crase ○ pessoas do discurso ○ clareza	○ paragrafação ○ coerência textual ○ coesão textual ○ informatividade ○ conectividade ○ continuidade e progressão textual	○ abordagem do tema ○ adequação ao gênero ○ intencionalidade do texto ○ adequação ao perfil do interlocutor e ao contexto ○ estrutura padrão do gênero ○ variedade linguística/norma-padrão ○ formalidade/informalidade ○ adequação ao suporte ○ desenvolvimento de ideias

Nome _____ **N.º** ____

Ano _____ **Período** _____ **Data** _____

Para a eventual escrita ou reescrita do texto, devem ser observados os seguintes aspectos:

Elementos linguísticos	Textualidade	Elementos enunciativos
○ escolha lexical ○ concordância verbal e concordância nominal ○ regência verbal e regência nominal ○ colocação pronominal ○ pontuação ○ ortografia, acentuação ○ crase ○ pessoas do discurso ○ clareza	○ paragrafação ○ coerência textual ○ coesão textual ○ informatividade ○ conectividade ○ continuidade e progressão textual	○ abordagem do tema ○ adequação ao gênero ○ intencionalidade do texto ○ adequação ao perfil do interlocutor e ao contexto ○ estrutura padrão do gênero ○ variedade linguística/norma-padrão ○ formalidade/informalidade ○ adequação ao suporte ○ desenvolvimento de ideias

Nome

Nº

Ano

Período

Data

Para a eventual escrita ou reescrita do texto, devem ser observados os seguintes aspectos:

Elementos linguísticos	Textualidade	Elementos enunciativos
○ escolha lexical ○ concordância verbal e concordância nominal ○ regência verbal e regência nominal ○ colocação pronominal ○ pontuação ○ ortografia, acentuação ○ crase ○ pessoas do discurso ○ clareza	○ paragrafação ○ coerência textual ○ coesão textual ○ informatividade ○ conectividade ○ continuidade e progressão textual	○ abordagem do tema ○ adequação ao gênero ○ intencionalidade do texto ○ adequação ao perfil do interlocutor e ao contexto ○ estrutura padrão do gênero ○ variedade linguística/norma-padrão ○ formalidade/informalidade ○ adequação ao suporte ○ desenvolvimento de ideias

Nome

Nº

Ano

Período

Data

Para a eventual escrita ou reescrita do texto, devem ser observados os seguintes aspectos:

Elementos linguísticos	Textualidade	Elementos enunciativos
○ escolha lexical ○ concordância verbal e concordância nominal ○ regência verbal e regência nominal ○ colocação pronominal ○ pontuação ○ ortografia, acentuação ○ crase ○ pessoas do discurso ○ clareza	○ paragrafação ○ coerência textual ○ coesão textual ○ informatividade ○ conectividade ○ continuidade e progressão textual	○ abordagem do tema ○ adequação ao gênero ○ intencionalidade do texto ○ adequação ao perfil do interlocutor e ao contexto ○ estrutura padrão do gênero ○ variedade linguística/norma-padrão ○ formalidade/informalidade ○ adequação ao suporte ○ desenvolvimento de ideias

Nome

N°

Ano

Período

Data

Para a eventual escrita ou reescrita do texto, devem ser observados os seguintes aspectos:

Elementos linguísticos	Textualidade	Elementos enunciativos
○ escolha lexical ○ concordância verbal e concordância nominal ○ regência verbal e regência nominal ○ colocação pronominal ○ pontuação ○ ortografia, acentuação ○ crase ○ pessoas do discurso ○ clareza	○ paragrafação ○ coerência textual ○ coesão textual ○ informatividade ○ conectividade ○ continuidade e progressão textual	○ abordagem do tema ○ adequação ao gênero ○ intencionalidade do texto ○ adequação ao perfil do interlocutor e ao contexto ○ estrutura padrão do gênero ○ variedade linguística/norma-padrão ○ formalidade/informalidade ○ adequação ao suporte ○ desenvolvimento de ideias

Nome

N.º

Ano

Período

Data

Para a eventual escrita ou reescrita do texto, devem ser observados os seguintes aspectos:

Elementos linguísticos	Textualidade	Elementos enunciativos
○ escolha lexical ○ concordância verbal e concordância nominal ○ regência verbal e regência nominal ○ colocação pronominal ○ pontuação ○ ortografia, acentuação ○ crase ○ pessoas do discurso ○ clareza	○ paragrafação ○ coerência textual ○ coesão textual ○ informatividade ○ conectividade ○ continuidade e progressão textual	○ abordagem do tema ○ adequação ao gênero ○ intencionalidade do texto ○ adequação ao perfil do interlocutor e ao contexto ○ estrutura padrão do gênero ○ variedade linguística/norma-padrão ○ formalidade/informalidade ○ adequação ao suporte ○ desenvolvimento de ideias

Nome

N°

Ano

Período

Data

Para a eventual escrita ou reescrita do texto, devem ser observados os seguintes aspectos:

Elementos linguísticos	Textualidade	Elementos enunciativos
○ escolha lexical ○ concordância verbal e concordância nominal ○ regência verbal e regência nominal ○ colocação pronominal ○ pontuação ○ ortografia, acentuação ○ crase ○ pessoas do discurso ○ clareza	○ paragrafação ○ coerência textual ○ coesão textual ○ informatividade ○ conectividade ○ continuidade e progressão textual	○ abordagem do tema ○ adequação ao gênero ○ intencionalidade do texto ○ adequação ao perfil do interlocutor e ao contexto ○ estrutura padrão do gênero ○ variedade linguística/norma-padrão ○ formalidade/informalidade ○ adequação ao suporte ○ desenvolvimento de ideias

Nome

Nº

Ano

Período

Data

Para a eventual escrita ou reescrita do texto, devem ser observados os seguintes aspectos:

Elementos linguísticos	Textualidade	Elementos enunciativos
○ escolha lexical ○ concordância verbal e concordância nominal ○ regência verbal e regência nominal ○ colocação pronominal ○ pontuação ○ ortografia, acentuação ○ crase ○ pessoas do discurso ○ clareza	○ paragrafação ○ coerência textual ○ coesão textual ○ informatividade ○ conectividade ○ continuidade e progressão textual	○ abordagem do tema ○ adequação ao gênero ○ intencionalidade do texto ○ adequação ao perfil do interlocutor e ao contexto ○ estrutura padrão do gênero ○ variedade linguística/norma-padrão ○ formalidade/informalidade ○ adequação ao suporte ○ desenvolvimento de ideias

Nome

Nº

Ano

Período

Data

Para a eventual escrita ou reescrita do texto, devem ser observados os seguintes aspectos:

Elementos linguísticos	Textualidade	Elementos enunciativos
○ escolha lexical ○ concordância verbal e concordância nominal ○ regência verbal e regência nominal ○ colocação pronominal ○ pontuação ○ ortografia, acentuação ○ crase ○ pessoas do discurso ○ clareza	○ paragrafação ○ coerência textual ○ coesão textual ○ informatividade ○ conectividade ○ continuidade e progressão textual	○ abordagem do tema ○ adequação ao gênero ○ intencionalidade do texto ○ adequação ao perfil do interlocutor e ao contexto ○ estrutura padrão do gênero ○ variedade linguística/norma-padrão ○ formalidade/informalidade ○ adequação ao suporte ○ desenvolvimento de ideias

Nome

Nº

Ano

Período

Data

Para a eventual escrita ou reescrita do texto, devem ser observados os seguintes aspectos:

Elementos linguísticos	Textualidade	Elementos enunciativos
○ escolha lexical ○ concordância verbal e concordância nominal ○ regência verbal e regência nominal ○ colocação pronominal ○ pontuação ○ ortografia, acentuação ○ crase ○ pessoas do discurso ○ clareza	○ paragrafação ○ coerência textual ○ coesão textual ○ informatividade ○ conectividade ○ continuidade e progressão textual	○ abordagem do tema ○ adequação ao gênero ○ intencionalidade do texto ○ adequação ao perfil do interlocutor e ao contexto ○ estrutura padrão do gênero ○ variedade linguística/norma-padrão ○ formalidade/informalidade ○ adequação ao suporte ○ desenvolvimento de ideias

Nome

Nº

Ano

Período

Data

Para a eventual escrita ou reescrita do texto, devem ser observados os seguintes aspectos:

Elementos linguísticos	Textualidade	Elementos enunciativos
○ escolha lexical ○ concordância verbal e concordância nominal ○ regência verbal e regência nominal ○ colocação pronominal ○ pontuação ○ ortografia, acentuação ○ crase ○ pessoas do discurso ○ clareza	○ paragrafação ○ coerência textual ○ coesão textual ○ informatividade ○ conectividade ○ continuidade e progressão textual	○ abordagem do tema ○ adequação ao gênero ○ intencionalidade do texto ○ adequação ao perfil do interlocutor e ao contexto ○ estrutura padrão do gênero ○ variedade linguística/norma-padrão ○ formalidade/informalidade ○ adequação ao suporte ○ desenvolvimento de ideias

Nome

N.º

Ano

Período

Data

Para a eventual escrita ou reescrita do texto, devem ser observados os seguintes aspectos:

Elementos linguísticos	Textualidade	Elementos enunciativos
○ escolha lexical ○ concordância verbal e concordância nominal ○ regência verbal e regência nominal ○ colocação pronominal ○ pontuação ○ ortografia, acentuação ○ crase ○ pessoas do discurso ○ clareza	○ paragrafação ○ coerência textual ○ coesão textual ○ informatividade ○ conectividade ○ continuidade e progressão textual	○ abordagem do tema ○ adequação ao gênero ○ intencionalidade do texto ○ adequação ao perfil do interlocutor e ao contexto ○ estrutura padrão do gênero ○ variedade linguística/norma-padrão ○ formalidade/informalidade ○ adequação ao suporte ○ desenvolvimento de ideias

Nome

N.º

Ano

Período

Data

Para a eventual escrita ou reescrita do texto, devem ser observados os seguintes aspectos:

Elementos linguísticos	Textualidade	Elementos enunciativos
○ escolha lexical ○ concordância verbal e concordância nominal ○ regência verbal e regência nominal ○ colocação pronominal ○ pontuação ○ ortografia, acentuação ○ crase ○ pessoas do discurso ○ clareza	○ paragrafação ○ coerência textual ○ coesão textual ○ informatividade ○ conectividade ○ continuidade e progressão textual	○ abordagem do tema ○ adequação ao gênero ○ intencionalidade do texto ○ adequação ao perfil do interlocutor e ao contexto ○ estrutura padrão do gênero ○ variedade linguística/norma-padrão ○ formalidade/informalidade ○ adequação ao suporte ○ desenvolvimento de ideias

Nome _____ **Nº** ____

Ano ____ **Período** ____ **Data** ____

Para a eventual escrita ou reescrita do texto, devem ser observados os seguintes aspectos:

Elementos linguísticos	Textualidade	Elementos enunciativos
○ escolha lexical ○ concordância verbal e concordância nominal ○ regência verbal e regência nominal ○ colocação pronominal ○ pontuação ○ ortografia, acentuação ○ crase ○ pessoas do discurso ○ clareza	○ paragrafação ○ coerência textual ○ coesão textual ○ informatividade ○ conectividade ○ continuidade e progressão textual	○ abordagem do tema ○ adequação ao gênero ○ intencionalidade do texto ○ adequação ao perfil do interlocutor e ao contexto ○ estrutura padrão do gênero ○ variedade linguística/norma-padrão ○ formalidade/informalidade ○ adequação ao suporte ○ desenvolvimento de ideias

Nome

Nº

Ano

Período

Data

Para a eventual escrita ou reescrita do texto, devem ser observados os seguintes aspectos:

Elementos linguísticos	Textualidade	Elementos enunciativos
○ escolha lexical ○ concordância verbal e concordância nominal ○ regência verbal e regência nominal ○ colocação pronominal ○ pontuação ○ ortografia, acentuação ○ crase ○ pessoas do discurso ○ clareza	○ paragrafação ○ coerência textual ○ coesão textual ○ informatividade ○ conectividade ○ continuidade e progressão textual	○ abordagem do tema ○ adequação ao gênero ○ intencionalidade do texto ○ adequação ao perfil do interlocutor e ao contexto ○ estrutura padrão do gênero ○ variedade linguística/norma-padrão ○ formalidade/informalidade ○ adequação ao suporte ○ desenvolvimento de ideias

Nome

Nº

Ano **Período** **Data**

Para a eventual escrita ou reescrita do texto, devem ser observados os seguintes aspectos:

Elementos linguísticos	Textualidade	Elementos enunciativos
○ escolha lexical ○ concordância verbal e concordância nominal ○ regência verbal e regência nominal ○ colocação pronominal ○ pontuação ○ ortografia, acentuação ○ crase ○ pessoas do discurso ○ clareza	○ paragrafação ○ coerência textual ○ coesão textual ○ informatividade ○ conectividade ○ continuidade e progressão textual	○ abordagem do tema ○ adequação ao gênero ○ intencionalidade do texto ○ adequação ao perfil do interlocutor e ao contexto ○ estrutura padrão do gênero ○ variedade linguística/norma-padrão ○ formalidade/informalidade ○ adequação ao suporte ○ desenvolvimento de ideias

Nome

N°

Ano

Período

Data

Para a eventual escrita ou reescrita do texto, devem ser observados os seguintes aspectos:

Elementos linguísticos	Textualidade	Elementos enunciativos
○ escolha lexical ○ concordância verbal e concordância nominal ○ regência verbal e regência nominal ○ colocação pronominal ○ pontuação ○ ortografia, acentuação ○ crase ○ pessoas do discurso ○ clareza	○ paragrafação ○ coerência textual ○ coesão textual ○ informatividade ○ conectividade ○ continuidade e progressão textual	○ abordagem do tema ○ adequação ao gênero ○ intencionalidade do texto ○ adequação ao perfil do interlocutor e ao contexto ○ estrutura padrão do gênero ○ variedade linguística/norma-padrão ○ formalidade/informalidade ○ adequação ao suporte ○ desenvolvimento de ideias

Todos os Textos

Atual Editora